primeros dibujos

todo un día

Valérie de Montchoisy

Laurent Audouin

EDELVIVES

PRÁCTICA

¿Cómo utilizar este libro?

Con este libro aprenderás a dibujar y podrás colorear diez dibujos.

Cada dibujo está dividido en cuatro etapas:

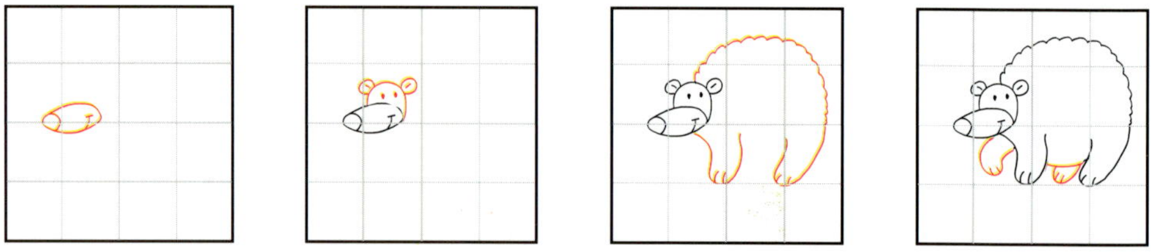

Copia el dibujo siguiendo las líneas de la cuadrícula para respetar sus proporciones y su lugar en la página.

Sigue con atención cada nuevo trazo indicado en rojo.

En la cuarta etapa, tu dibujo estará terminado y podrás colorearlo. Si quieres, fíjate en el modelo en color que te proponemos. Como verás, en la cuadrícula reservada para tu dibujo hay unos adornos de color gris: juega con tu imaginación para añadir otros elementos y colores.

Un consejo antes de empezar a dibujar: utiliza rotuladores especiales para pizarras blancas; así podrás borrar tu dibujo con un trapito seco y volver a hacerlo tantas veces como quieras. También puedes cuadricular una hoja aparte y continuar dibujando... ¡como en el libro!

Para la edición en castellano:

© Editorial Luis Vives, 1998. ISBN: 84-263-3826-7. Depósito Legal: mayo 98.

SUMARIO

El despertar

Cuesta mucho levantarse cuando suena el despertador. Pero es muy fácil saltar de la cama cuando el olor del pan recién tostado sale de la cocina.

1 Dibuja primero un redondel, ayudándote de la cuadrícula para situarlo correctamente. Añade los ojos, la nariz y la boca.

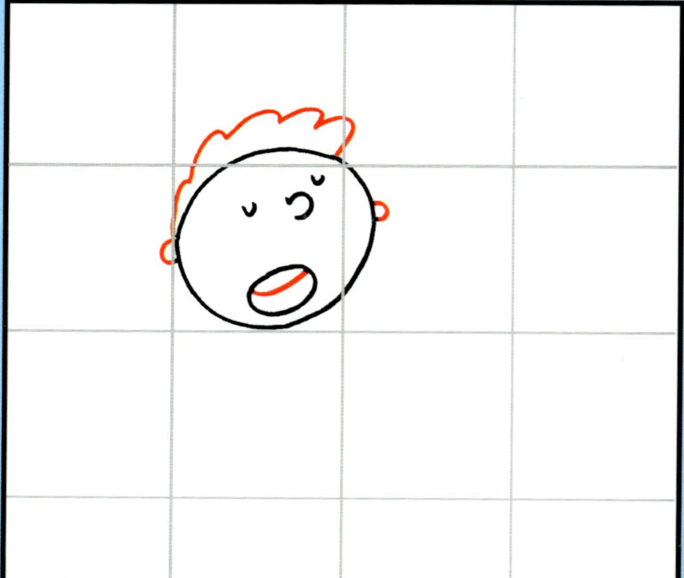

2 Reproduce las orejas y el pelo. No olvides los dientes.

3 Sigue el modelo y la cuadrícula para dibujar los brazos y las manos.

4 Sólo te falta trazar algunas líneas para que aparezca la almohada y las tres gotitas.

5 Puedes añadir cohetes, planetas y estrellas sobre la colcha antes de colorear tu dibujo.

El desayuno

El desayuno es importante. Leche y grandes rebanadas de pan con mermelada es lo que hace falta para crecer.

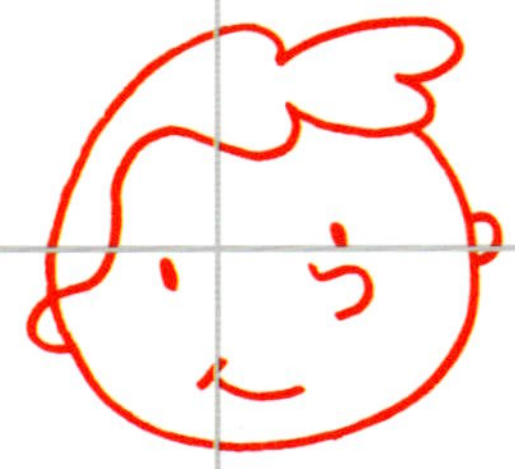

1 Dibuja un círculo para la cabeza, termínalo por el pelo. Añade la nariz, la boca, los ojos y las orejas.

2 Traza el cuello, dos curvas para el brazo derecho y, después, la mano.

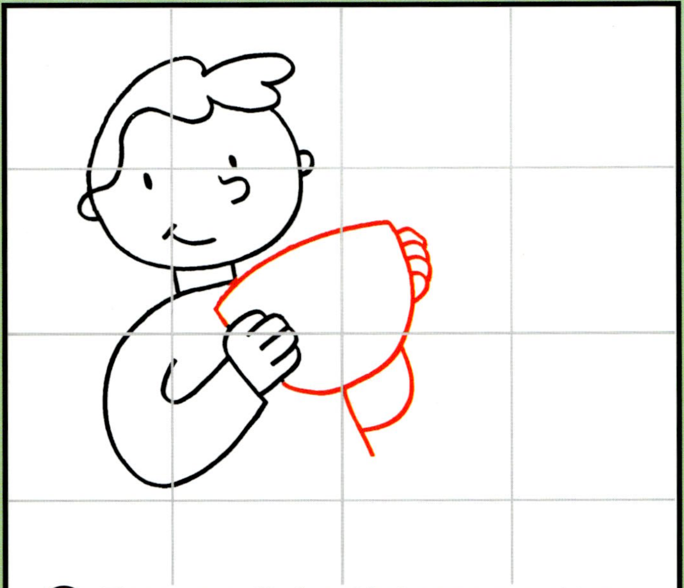

3 Tienes que dibujar el bol antes que el brazo izquierdo y los dedos.

4 Añade algunos detalles: la silla, un poco de humo y una bonita decoración en el bol.

5 **Antes de colorear tu dibujo, no olvides añadir sobre la mesa un bote de tu mermelada preferida.**

El camino del colegio

De camino hacia el colegio se puede correr, hablar, cantar y reír. ¡Es estupendo encontrarse cada mañana con las amigas y los amigos!

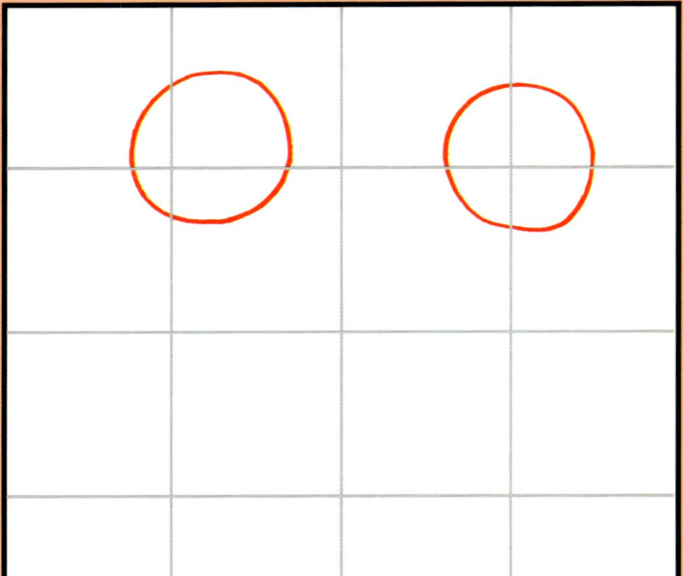

1 Dibuja dos círculos para las cabezas.

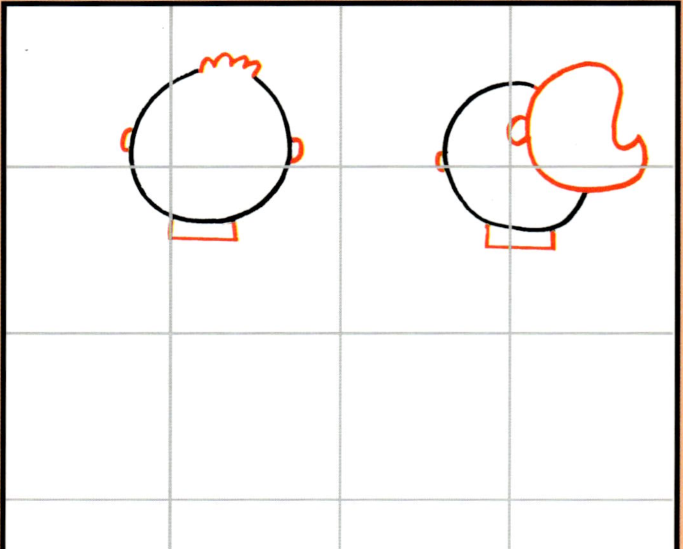

2 Añade un pequeño mechón para el chico, una cola de caballo para la chica, las orejas y los cuellos. Borra las líneas de debajo.

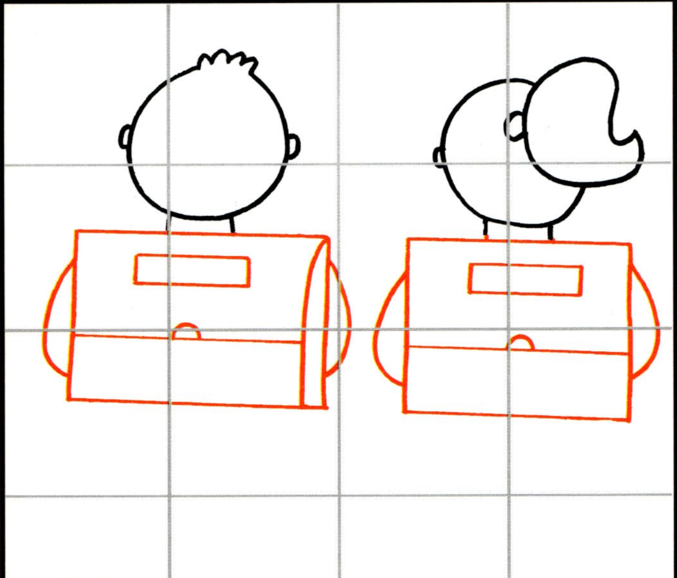

3 Traza las líneas de las carteras y después dibuja los brazos a ambos lados.

4 Para terminar, añade las piernas y los pies.

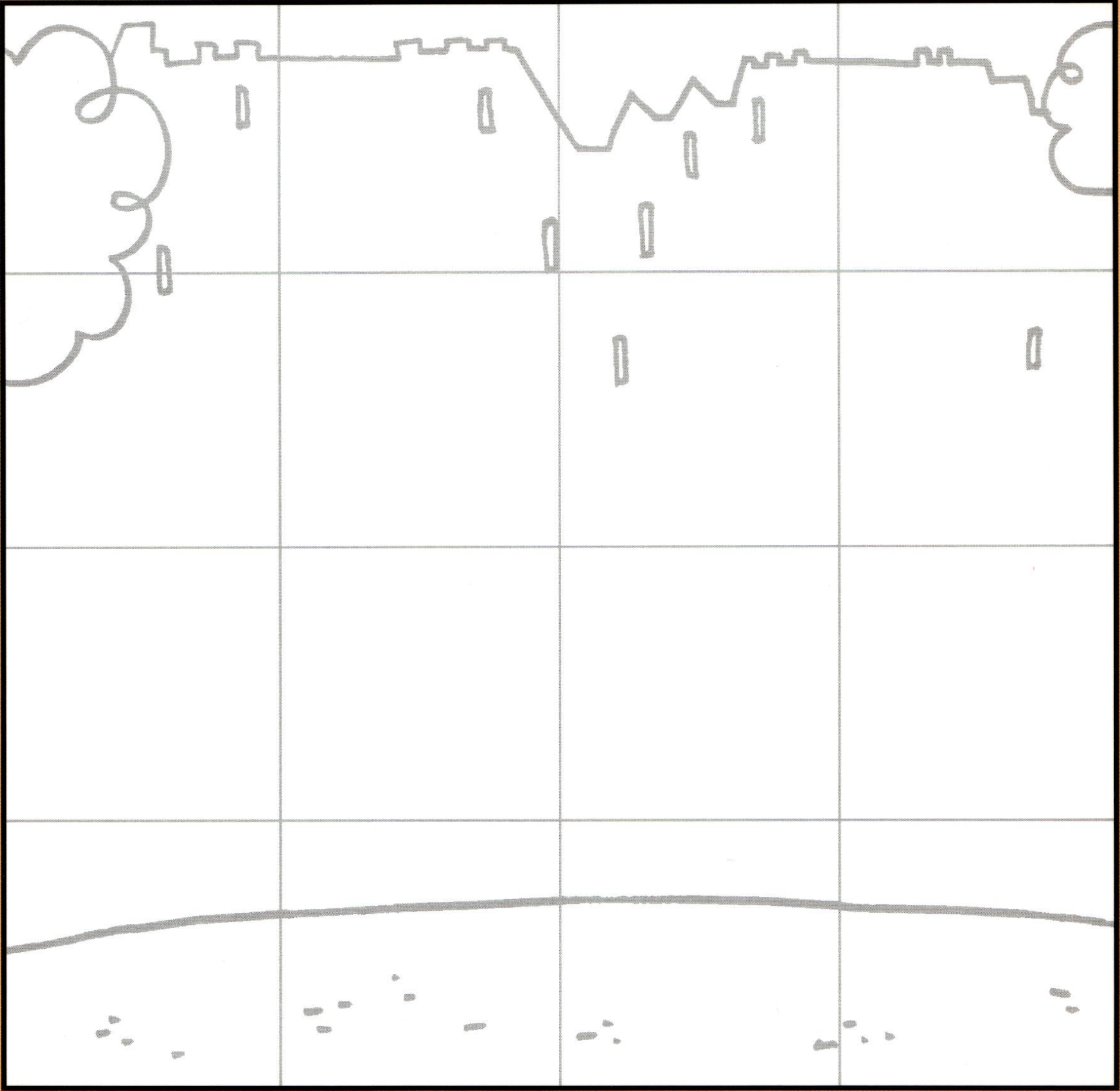

5 Viste a la chica y al chico como tú quieras, después, colorea tu dibujo.

La profesora

La profesora explica hoy una lección sobre el campo. Para empezar, enseña a sus alumnas y alumnos los animales de la granja.

1 Empieza la cabeza dibujando un semicírculo. Añade un punto para el ojo y haz la boca.

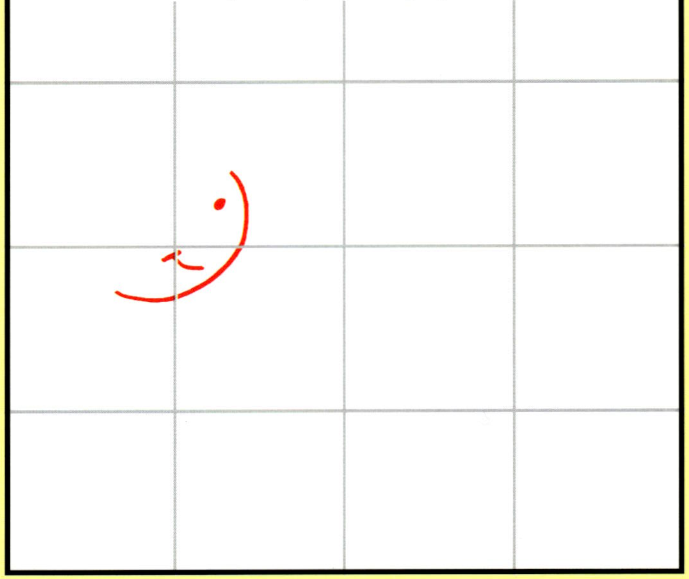

2 Sigue el modelo para dibujar el pelo, sin olvidar la ceja, la oreja y la nariz.

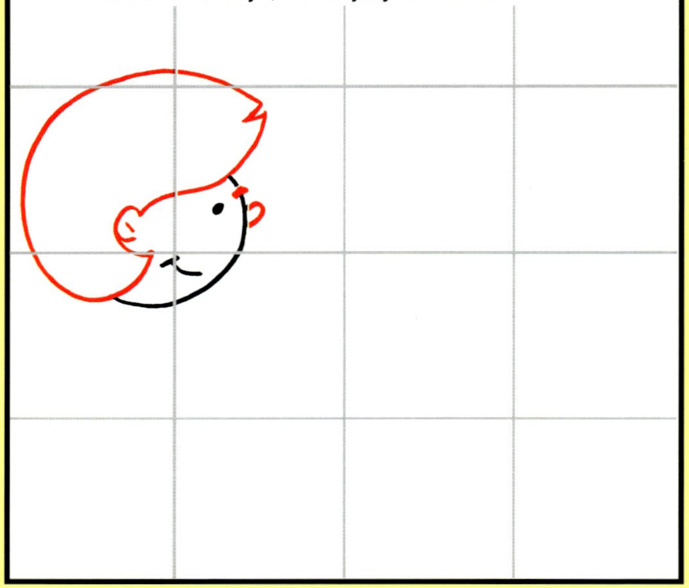

3 Traza la línea del cuello y una gran U invertida para la ropa. No olvides la manga.

4 Para terminar, dibuja el brazo, la mano y el puntero de la maestra.

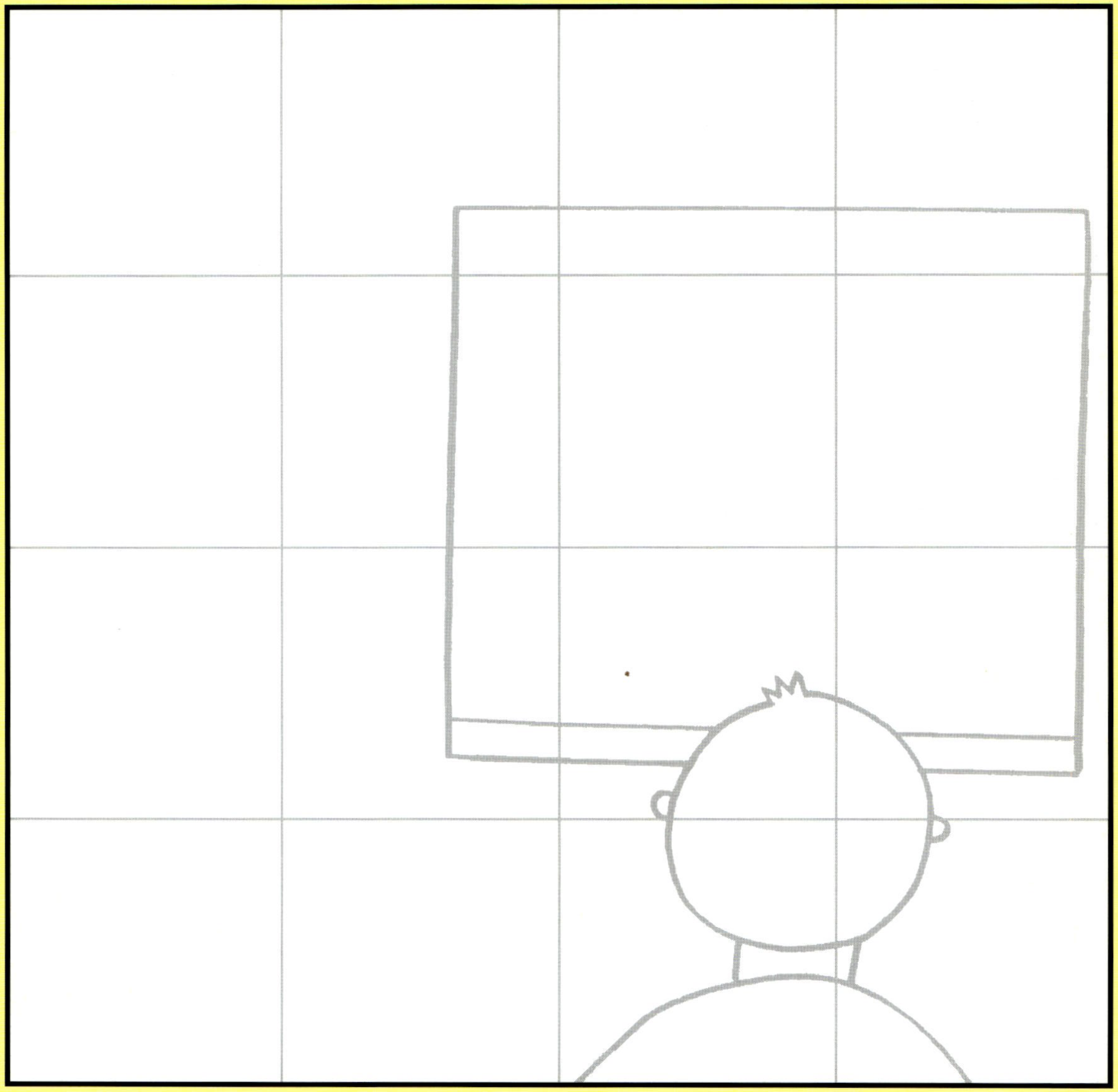

5 **Completa el dibujo de la pizarra como a ti te guste, después coloréalo todo.**

El recreo

Durante el recreo Matilde juega con todos los chicos. No le asustan ni los partidos ni los balones.

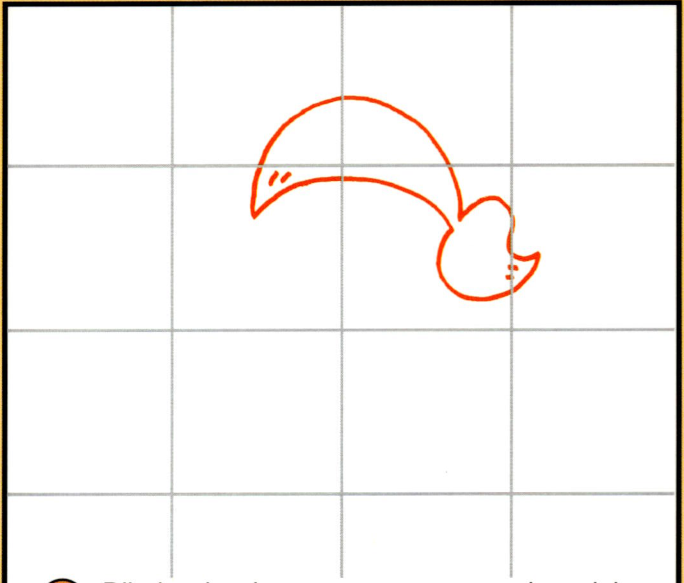

1. Dibuja el pelo como aparece en el modelo. Ayúdate de la cuadrícula.

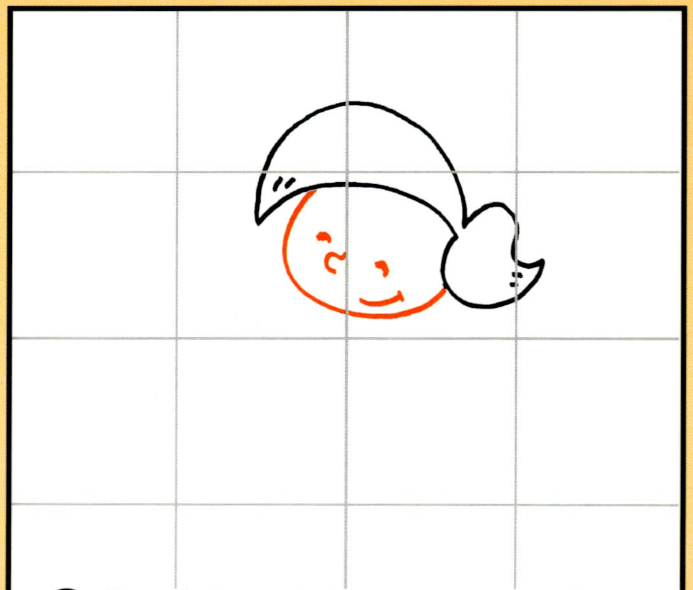

2. Traza la forma de la cara con un semicírculo, después añade los ojos, la nariz y la boca.

3 Dibuja el cuello y el jersey ayudándote de la cuadrícula. Añade los brazos y las manos.

4 Para terminar, haz las piernas y los pies.

5 El recreo es una fiesta todos los días. Colorea el patio del colegio con divertidos colores.

La gimnasia

A Máximo le gusta saltar y colgarse de las anillas. Dentro de unos años quiere ser campeón de gimnasia y participar en los Juegos Olímpicos.

1 Primero haz el círculo de la cabeza, después añade los ojos, la nariz y la boca.

2 Dibuja las orejas, el cuello y el pelo, después sigue el modelo para reproducir la camiseta.

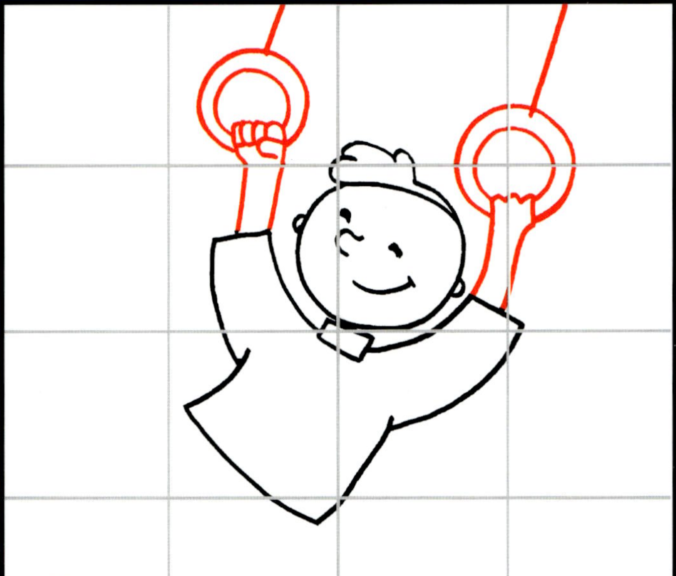

3 Ahora traza los brazos y las manos, después dibuja las anillas.

4 Dibuja luego, por este orden, el pantalón, los calcetines y las zapatillas de deporte.

5 Diviértete coloreando este gimnasio. A la camiseta le puedes añadir algún motivo que te inventes.

La tarta de cumpleaños

Para tu cumpleaños puedes elegir el sabor de la tarta: fresa, chocolate o pistacho... Lo que no es posible elegir es el número de velas.

1. La forma de la tarta es un rectángulo. Dibújalo sobre la mesa.

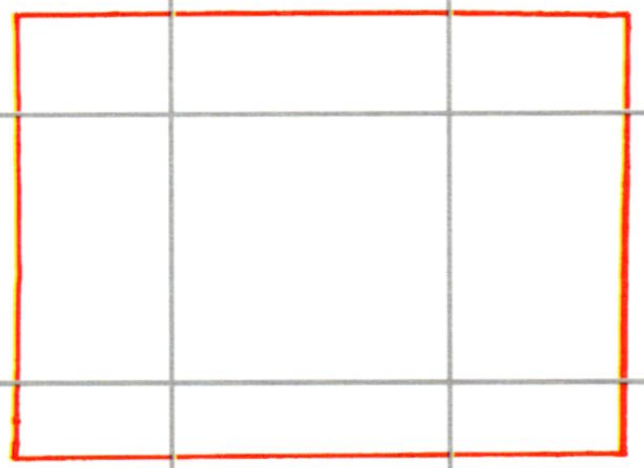

2. Traza dos líneas rectas para representar la capa de mermelada y unas pequeñas ondas para la crema.

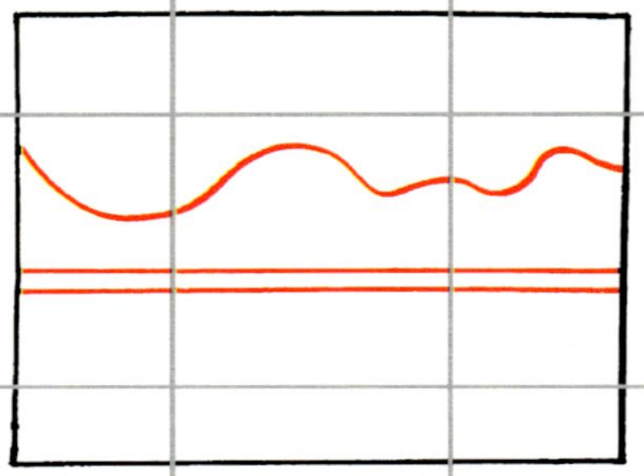

3 Dibuja las velas encima de la tarta.

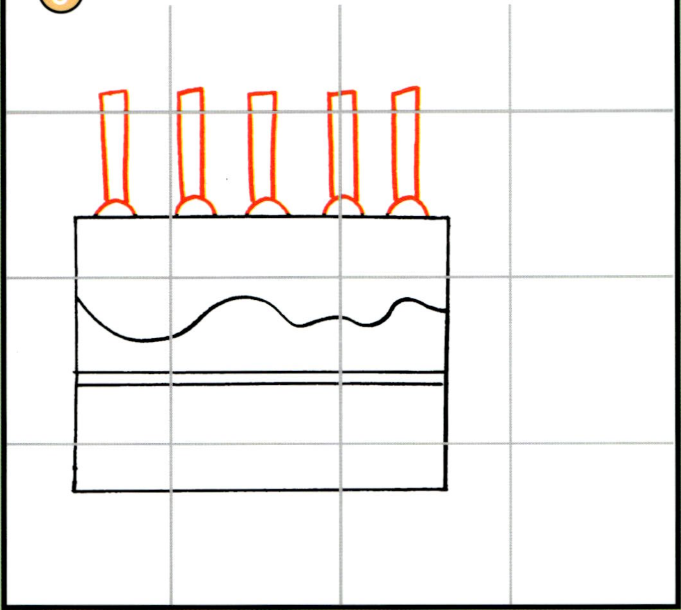

4 Añade las llamas, tres guindas y el plato.

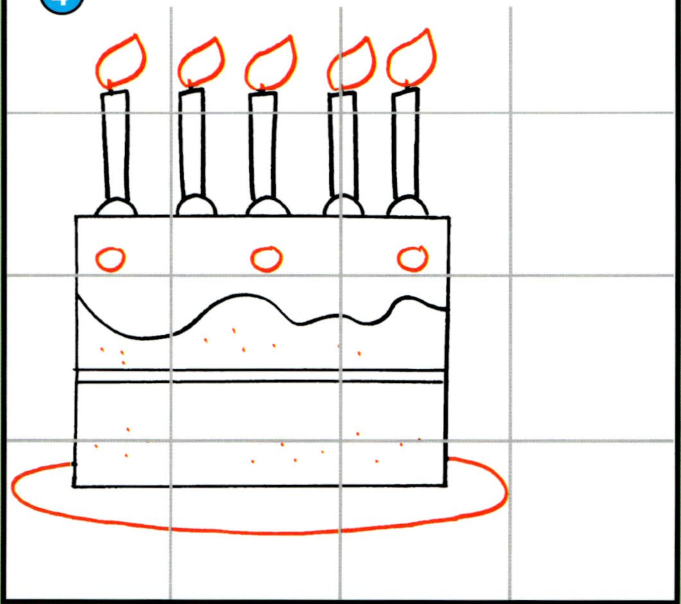

5 **¡Qué rica! Y estará todavía mejor si la decoras con colores apetitosos.**

El pardillo

Después del mediodía un pardillo se posa en la repisa de la ventana. Pajarito, ¿quieres comer? Es la hora de la merienda.

1 Dibuja en primer lugar la cabeza del pardillo: se parece a una media luna.

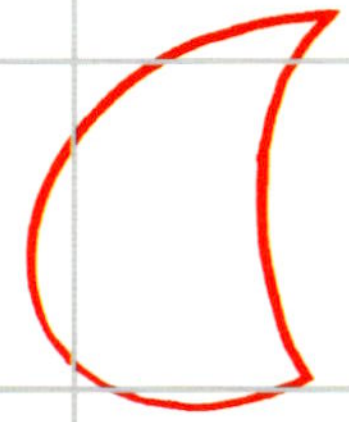

2 Prolonga la línea superior de la cabeza para trazar el cuerpo. Es un círculo achatado por la parte de arriba.

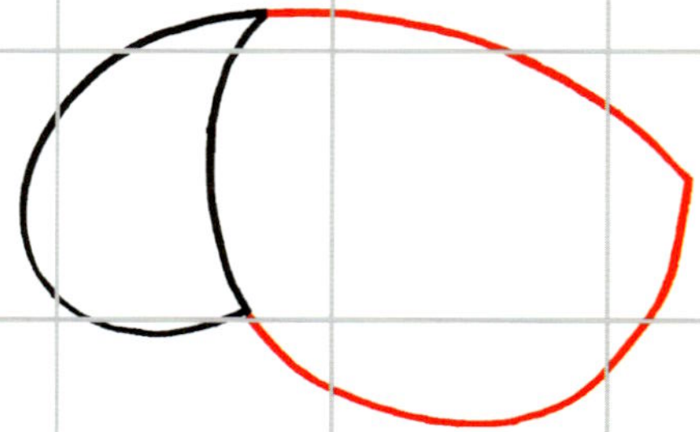

3 Dibuja la forma del ala, que se prolonga ligeramente sobre la cabeza. Después el ojo y el pico.

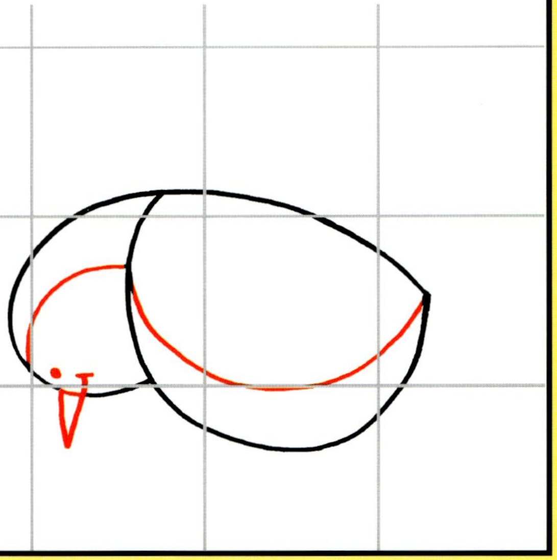

4 Para terminar, añade la cola y las patas.

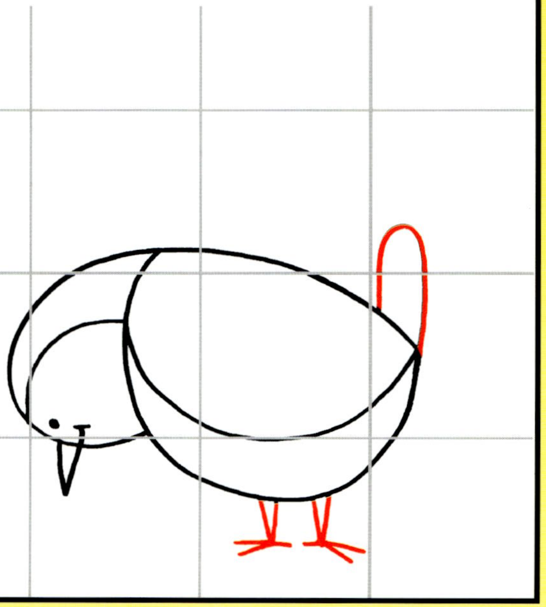

5 **El pardillo tiene el plumaje completamente rojo; pero tú puedes inventarte un pájaro de colorines.**

Los deberes

Es muy buena idea hacer los deberes para ser el primero de la clase. Pero tampoco olvides divertirte un poco antes de cenar.

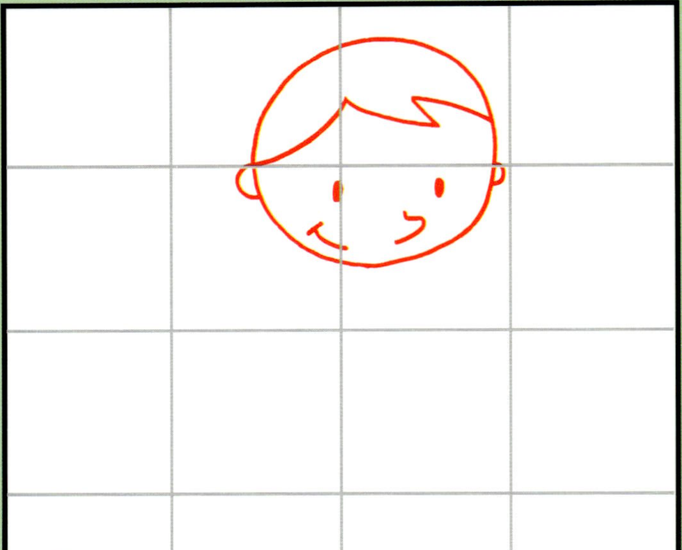

1 Haz un círculo. En él tienes que dibujar el pelo, los ojos, la nariz y la boca. Añade las orejas.

2 Dibuja los brazos y las manos igual que en el modelo. Ayúdate de la cuadrícula.

3 Dibuja los detalles de los puños y del cuello. Traza el filo de la mesa entre los brazos.

4 Sólo te faltan algunos trazos para terminar la mesa y dibujar la silla.

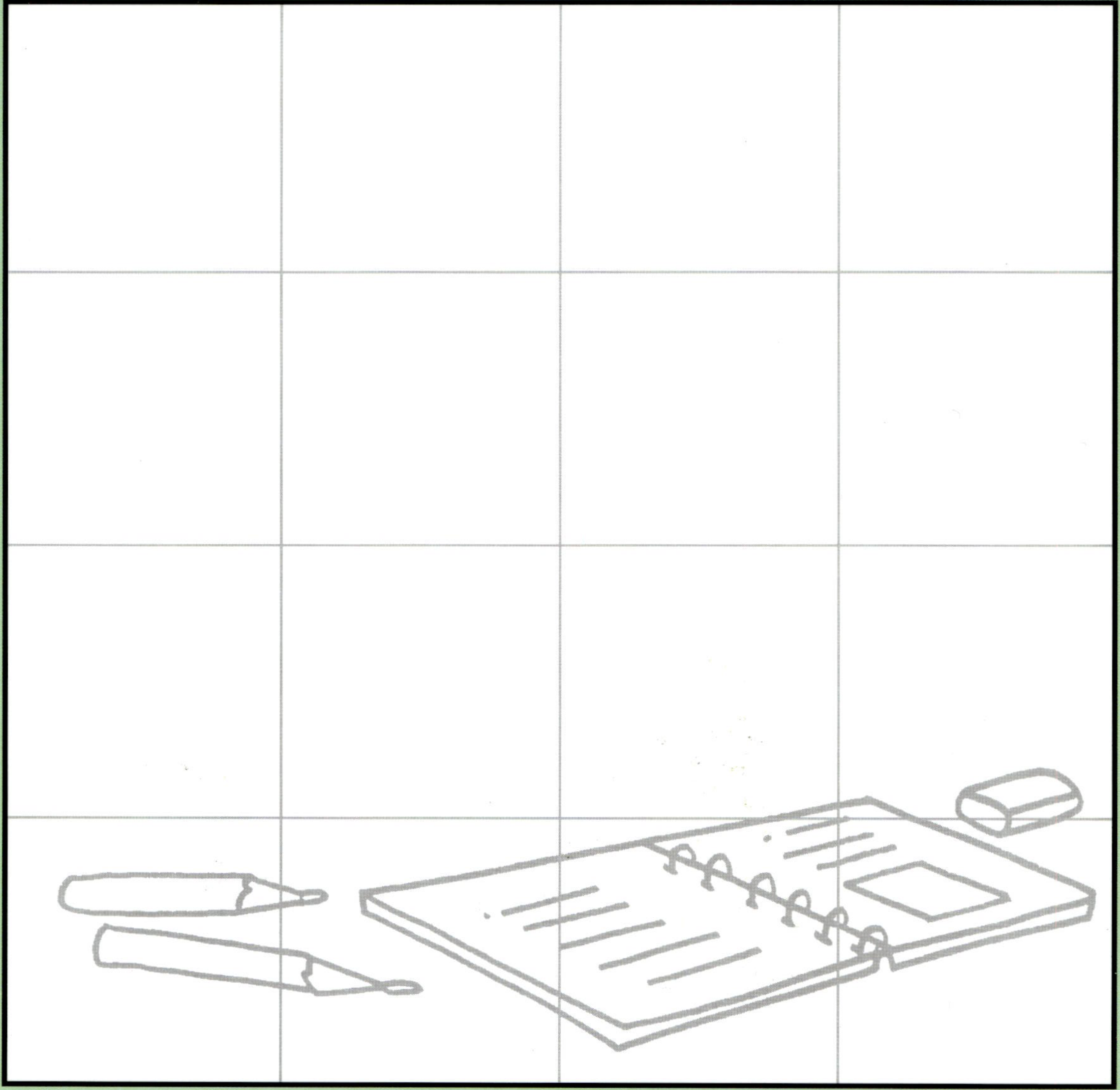

5 **Antes de colorear tu dibujo, fíjate en lo que tienes sobre tu mesa de estudio y dibújalo.**

El paseo del perro

Canela es un buen perro guardián y un fiel compañero para los más cariñosos. Le gusta, por la mañana y por la tarde, jugar en el jardín con los demás dálmatas.

1. Reproduce estas dos líneas ayudándote de la cuadrícula para colocarlas correctamente.

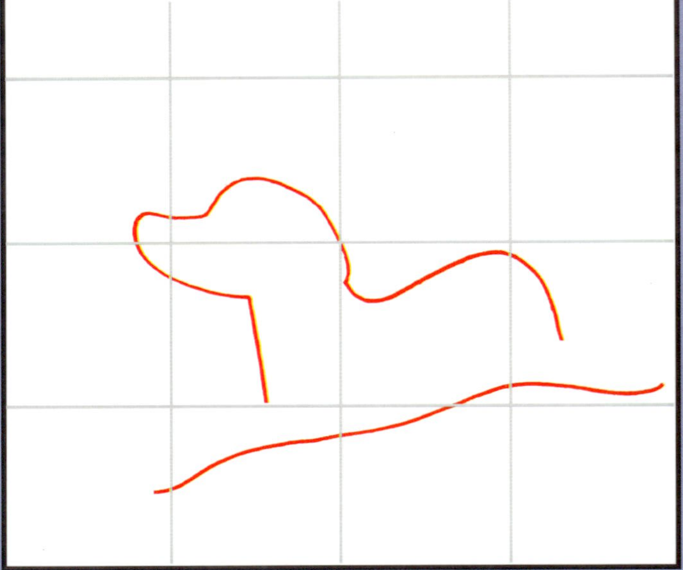

2. Termina el trazado de la oreja, después dibuja los ojos, la nariz y la boca.

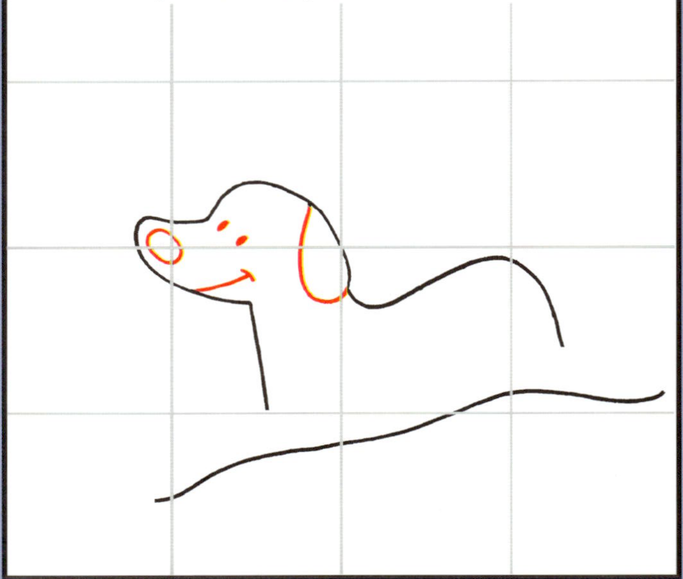

3 Ahora une las líneas que están separadas dibujando las patas delanteras y traseras del lado izquierdo. Después haz el collar.

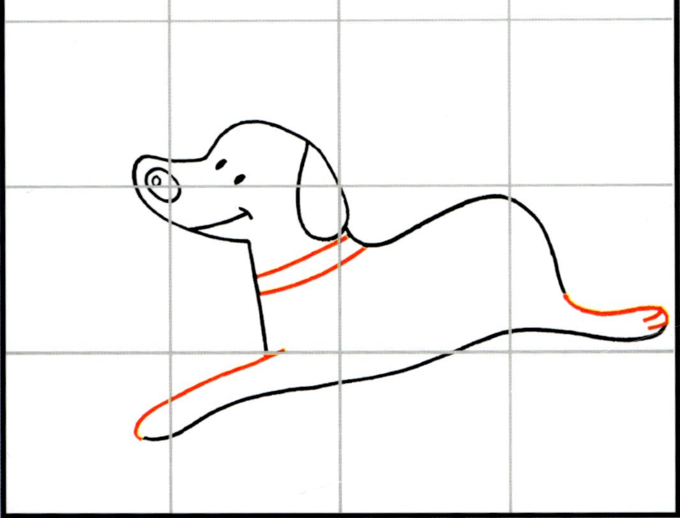

4 No te falta más que dibujar las patas derechas, la bolita del collar y la cola.

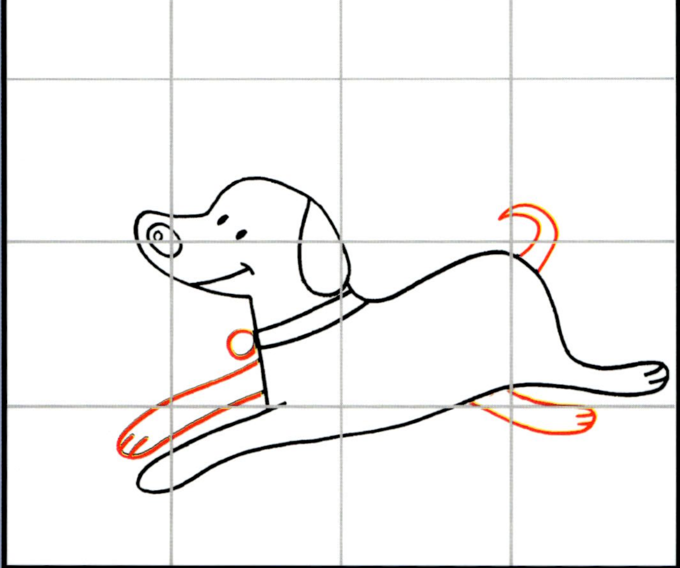

5 Si quieres que te salga un dálmata, añade algunas manchas negras en el pelaje del perro.